Made in the USA
Monee, IL
17 April 2022

94916813R00056